TABLEAU

STATISTIQUE

DU DÉPARTEMENT

DU GERS;

PAR LE CIT. BALGUERIE, PRÉFET.

PUBLIÉ PAR ORDRE DU MINISTRE DE L'INTÉRIEUR.

A PARIS,

DE L'IMPRIMERIE DES SOURDS-MUETS;

ET SE VEND

Chez
{
LE CLERE, Impr.-Libr., quai des Augustins, n°. 39 ;
HENRICHS, Libraire, rue de la Loi, n°. 288 ;
TREUTTEL et WURTZ, Libr., quai Voltaire,
}

ANX.

TABLEAU STATISTIQUE

DU DÉPARTEMENT

DU GERS.

LE département du Gers a pour chef-lieu la ville d'Auch, capitale de la ci - devant province et généralité de Gascogne; il comprend les territoires que comprenaient les anciens diocèses d'Auch, de Condom, de Lectoure et de Lombez.

Il est situé par le 43e. degré de latitude, et entre le 18e. degré de longitude du méridien de Paris. Sa surface totale est de 339 lieues carrées, ou 1,753,612 concades du pays, ou 67,075,677 ares. Les terres dépourvues de tout sel végétal, et non susceptibles de culture, les grandes routes, les ruisseaux et les rivières de ce département en occupent $\frac{1}{57}$, qui égale 1,181,198 ares.

Sa population, d'après les tableaux les

plus exacts qui ont pu en être faits jusqu'ici, est de deux cent soixante-dix mille cinq cent soixante-six individus.

La masse de ses impositions foncières et mobiliaires est, en principal, de 2,106,000 francs.

Les limites de ce département sont fixées, à l'est, par les limites du département de la Haute-Garonne; au midi, par celles du département des Hautes-Pyrénées; au couchant, par celles du département des Landes; au nord, par celles du département de Lot-et-Garonne.

Son ancienne division était en six districts; sa division actuelle est en cinq arrondissemens communaux, soixante justices de paix, et sept cents communes, dont plusieurs n'ont pour toute population que dix, quinze, vingt individus : il a quatre-vingts hommes de gendarmerie nationale, et une compagnie de quarante vétérans.

Ce département est généralement montueux et élevé, coupé de collines et de gorges peu fertiles; nulle part on n'y rencontre de marécages; partout l'air est d'une pureté et d'une salubrité parfaite.

Eloigné seulement de quinze lieues des Pyrénées-Occidentales , lorsque l'horizon est dégagé de tout brouillard , l'œil aperçoit avec satisfaction , dans le lointain , la chaîne de ces montagnes toujours couvertes de neige. Parmi les rivières qui arrosent ce département , on remarque le Gers , dont il a emprunté son nom ; la Bayse, la Gimonne, l'Arrax , la Save , la Rosse et l'Adour.

Chacune de ces petites rivières coule dans une plaine plus ou moins riante , plus ou moins agréable , plus ou moins fertile , mais toutes longées de prairies fécondes , et infiniment plus avantageuses que les coteaux.

Cependant la multitude des moulins établis sur leur courant, ayant des digues transversales fort élevées , sans épanchoirs suffisans pour verser la surabondance des eaux produites par des orages subits , ou des pluies abondantes , il en résulte des débordemens multipliés , qui , chaque année , détruisent nécessairement la récolte des foins ou celles des grains.

Direction de ces rivières.

Le Gers prend sa source près des Pyrénées-Occidentales, *dans la lande de Pinas*, au sein d'une plaine stérile : il coupe le département du Gers en angle droit, le traverse au centre par une ligne prolongée du sud au nord, et va se perdre dans la Garonne, au port de Leyrac, à demi-lieue en dessus de la ville d'Agen..... On le passe à gué trois mois de l'année.

La Bayse prend sa source presqu'au même endroit que le Gers, coule parallèlement avec lui à une distance méridionale de deux lieues, traverse la ville de Condom, commence à porter bateau à une lieue de cette ville, dans un lieu appelé le *Pont-de-Bordes*, et communique ainsi à la Garonne, par la rive gauche, près de la ville de Nérac.

C'est au port de Bordes que s'embarquent pour Bordeaux les grains, les eaux-de-vie, les merrains qui s'exploitent dans la partie méridionale du département du Gers ; c'est à celui de Leyrac qu'on embarque celles de ces denrées qui s'exploitent dans la partie septentrionale.

La Gimonne est formée du concours de divers ruisseaux ; elle coule dans une plaine étroite, mais délicieuse, du-sud au nord, dans la partie orientale du département, et se décharge dans la Garonne, entre Agen et Toulouse.

L'Arrax est formé de la même manière; il coule aussi dans une vallée délicieuse, traverse la partie septentrionale du département, dans la direction de l'est à l'ouest, et se précipite dans la Garonne, à peu de distance d'Agen.

La Save prend sa source presque au même lieu que la Bayse, et traverse la partie orientale du département, dans une étendue d'environ six lieues, et vient aussi apporter le tribut de ses eaux à la Garonne, à trois lieues au-dessous de Toulouse.

Cette rivière coule dans une plaine, large d'environ une demi-lieue, de la plus grande fécondité, mais qu'elle dévaste plusieurs fois dans l'année par ses débordemens, et presque toujours par suite des obstacles que les moulins opposent à l'évacuation des eaux que les orages versent par torrens dans son lit très-étroit et souvent guéable.

Enfin, la Rosse reçoit ses eaux des Pyrénées-Occidentales; elle est large de trente à quarante pas, suffisamment poissonneuse.

Son lit, creusé dans la terre ferme, bordé d'arbres vigoureux, suffit ordinairement à l'écoulement de ses eaux tranquilles ; mais dans la fonte des neiges, ou lorsque de longues pluies ne lui permettent plus de les contenir, il s'opère des débordemens qui couvrent toute la surface de la plaine, et qui y causeraient de très-grands dommages, si les propriétaires n'avaient planté de magnifiques vignobles dans les parties les plus basses, et les plus exposées aux dévastations.

La partie méridionale du département, traversée par cette rivière, est de la plus grande beauté ; mais ce n'est que sur ses frontières, et dans un espace de six à sept lieues.

C'est dans cet intervalle que se fait la jonction de la Rosse à l'Adour, à peu de distance de la ville d'Aire, située à l'extrémité du département des Landes, d'où elle se dirige sur Bayonne.

De ce que je viens de dire sur les rivières du Gers, il résulte qu'il n'y en a aucune de navigable, que par conséquent ce département est entièrement agricole. La nature, qui, partout ailleurs, se montra prodigue de richesses, qui sema jusque dans les entrailles de la terre des trésors inépuisables, ne promena dans le département du Gers qu'un caractère marâtre et des mains épuisées : nulle part on n'y rencontre de mines d'aucune espèce ; seulement une source d'eaux minérales, beaucoup moins connue qu'elle ne mérite de l'être, a été découverte dans la commune du Castera, lieu solitaire, mais agréable à la vie, profitable à la santé, et souverain à l'égard d'un grand nombre de maladies.

On ne voit point dans ce département de fortunes colossales ; mais aussi la mendicité y est peu connue, surtout dans les années où les récoltes, épargnées par les gelées, les brouillards, ou les grêles (malheureusement trop fréquentes depuis plusieurs années), s'y font avec quelque abondance, parce que la valeur du sol, le caractère des habitans, le genre de culture, celui des produits, sont différens dans les divers arrondissemens communaux. Je vais traiter en raccourci de chacun d'eux en particulier ; je commence par le troisième.

De l'Arrondissement communal d'Auch, chef-lieu du département, n°. 3.

La ville d'Auch présente une population plus ou moins forte, selon que l'existence des établissemens publics y éprouve plus ou moins de variétés.

Avant la révolution, cette ville avait divers tribunaux, une intendance ou généralité très-étendue, plusieurs ordres religieux, un archevêché à 400,000 fr. de rente, un chapitre qui en avait autant, un hôpital très-riche, un séminaire, et un collège très-nombreux, une garnison de cavalerie et d'infanterie, composée de mille à douze cents hommes; en un mot, elle était puissamment riche : les ouvriers et les artistes y arrivaient en foule de toute part, s'y établissaient dans l'abondance, y vivaient dans la joie.

La révolution a dissipé jusques au moindre vestige de ces ressources : tout à l'heure encore, cette ville a perdu le tribunal d'appel, qui alimentait quelque peu son industrie.

La source de ses richesses ainsi tarie, celle de sa population a éprouvé le même sort. Tous ceux qui ont pu porter ailleurs leurs talens et leurs espérances, ont disparu ; tous ceux qui sont restés (sauf les propriétaires, qui même presque tous se retirent dans leurs campagnes), languissent dans la plus accablante indigence : ainsi la population d'Auch, de dix mille qu'elle étoit, se trouve réduite à moins de neuf mille. Cette ville, qui s'enorgueillit chaque jour davantage d'avoir vu naître, il y a trente ans, dans ses murs, d'une famille honorable, le vertueux général *Dessole*, chef de l'état-major-général de l'armée du Rhin, et plusieurs autres officiers du plus grand mérite, est bâtie au bord du Gers, sur la croupe d'une colline élevée, dans un site agréable, et sous un ciel serein. Ses maisons, dans la partie méridionale, présentent l'aspect d'un vaste amphithéâtre de gradins, élevés les uns sur les autres : cette illusion d'optique provient des inégalités du sol.

Deux tours carrées, et d'une très-grande élévation, publient au loin la régularité et la magnificence de son temple. On promême tout autour de sa vaste enceinte, par une galerie ménagée tout exprès dans l'épaisseur du mur, à 60 coudées de hauteur.

Une double colonnade soutient la masse énorme de sa voûte ; l'œil y aperçoit avec ravissement une seule pierre ciselée, percée à jour, se déployer à l'instar d'une pièce de dentelle de grand prix, pour former le dôme d'un de ses autels.

Aucune irrégularité ne frappe les regards de l'homme le plus exercé, de l'artiste le plus délicat ; c'est surtout dans le chœur de ce temple qu'on voit, avec un plaisir toujours renaissant, une multitude de chefs-d'œuvres de sculpture de tous les genres, sur le marbre comme sur le bois.

Ses fenêtres, de 20 pieds de hauteur, ornées de vitraux peints à l'antique, forment le tableau parlant d'une multitude de faits historiques, anciens ou modernes ; les Juifs et les Chrétiens y retrouvent toute leur histoire.

Les couleurs de ces vitraux sont encore d'une vivacité si éclatante, qu'elles semblent sortir du pinceau ; les figures y paraissent d'une grandeur presque colossale, et les draperies d'une fraîcheur et d'une beauté presque inimitable. Ces chefs-d'œuvres de l'art ont éprouvé pendant la révolution des dégradations trop sensibles, et dont je me suis empressé d'arrêter le cours.

Le frontispice de ce temple est d'ordre corinthien ; son intérieur est peut-être le plus beau gothique qui existe en Europe. Ce qui par-dessus tout étonne le voyageur, c'est l'architecture d'un escalier de granit, de deux cents marches de hauteur, dont la direction perpendiculaire et la forme spirale présentent du haut en bas, comme de bas en haut, un rayon prolongé de lumière de six pouces de circonférence, et du sommet duquel un enfant, placé comme à cheval sur l'arête de l'escalier, se précipite au fond dans l'espace d'une minute, sans se faire le moindre mal, sans courir le moindre danger, et en suspendant sa chute quand bon lui semble.

Cette ville possède un magnifique hospice civil, administré par des filles, ci-devant Sœurs-Grises, dont le mérite est au-dessus de tout éloge : les biens de cet hospice ont été vendus, et ses rentes, ou rachetées à la

Nation, ou demeurées jusqu'ici sans remboursement de sa part. Elle possède aussi de très-belles casernes, et l'on peut en pratiquer de magnifiques dans les anciens séminaires qui sont demeurés invendus.

Les grandes routes qui aboutissent à Auch, sont bordées intérieurement d'une double allée d'ormes, qui s'étend à près d'une lieue, mais que les voitures dégradent ; la place de la maison commune, qui se présente d'abord à l'œil du voyageur, est vaste, régulière, parfaitement bâtie. Le restant de la ville est presqu'entièrement bâti à neuf, en belle pierre de taille ; on promène tout autour sous des allées délicieuses, ou sur des quais plus délicieux encore, et dont je me propose d'augmenter l'étendue et les beautés.

Je ne puis dire que du bien du caractère honnête et paisible des habitans de cette ville ; cependant on ne trouve en général parmi eux, ni esprit de société, ni esprit de commerce, ni émulation, ni activité : ainsi la plus légère entreprise de commerce, l'établissement de la moindre manufacture n'y paraît pas possible. Cependant les ci-devant

Capucins d'Auch présenteraient à une société d'actionnaires, le local le plus avantageux, soit pour une tannerie, soit pour une fabrique d'étoffes communes, et alors ce département cesserait de devenir tributaire des autres départemens de la République, pour ces derniers objets d'une très-grande consommation.

La partie orientale de l'arrondissement communal d'Auch produit principalement du froment et du maïs; il y a aussi des vignobles, mais en petite quantité, dont le vin est de qualité médiocre.

Au contraire, la partie occidentale de cet arrondissement produit, indépendamment des mêmes grains, une quantité considérable de vins, parmi lesquels on distingue le cru de *Mazères*, appartenant au citoyen *Bahours*, et le cru de *Brouquens*, appartenant au citoyen *Brouquens*, négociant de Paris, qui sont l'un et l'autre d'une très-grande bonté, et dont les vins sont faits à la manière de Bordeaux.

La plus grande partie de ces vins se vend aux habitans des Hautes - Pyrénées, qui viennent les chercher sur de petits chars à quatre roues, et les paient habituellement du produit des bois de futaie, ou des meubles de médiocre qualité, qu'ils apportent de la montagne.

La manière de vendre et de mesurer ces vins, est d'une bizarrerie dont il est difficile de se faire l'idée. Le propriétaire ne vend point ses tonneaux, mais il remplit ceux de l'acheteur, en mesurant leur capacité par une multitude de mesures diverses, qui lui deviennent très-nuisibles.

Point de doute que les vins de cet arrondissement ne fussent infiniment meilleurs, si les propriétaires y apportaient quelques soins, et se décidaient à adopter les usages du département de la Gironde ; mais ils ne savent ni choisir leurs cépages, ni les approprier au sol, ni vendanger dans la saison.

Ils mêlent, pour la plupart, la vendange blanche avec la rouge, la laissent cuver ensemble des mois entiers, en font un vin qui n'est ni blanc, ni rouge, mais clairet, ordinairement plein de feu, et d'autant moins favorable à la santé, qu'on le met dans de grands tonneaux, qui sont toujours les mêmes, qu'on verse chaque jour du tonneau, jusqu'à ce qu'il soit épuisé par les besoins de la famille ; qu'on laisse ainsi le vin et les tonneaux s'aigrir, se moisir, et devenir aussi désagréables au goût, que dommageables à la santé. Il serait facile de remédier à tous ces vices ; mais l'habitude !!

Lorsqu'un propriétaire ne peut pas vendre sa denrée aux bouviers de la montagne, il la convertit en eaux-de-vie ; mais ce dernier parti ne lui est jamais si avantageux.

Le bois de chauffage n'est point rare dans cet arrondissement ; mais il n'y en reste plus de haute futaie. En général, son territoire est de médiocre qualité ; plusieurs parties y sont même très-mauvaises. Les bêtes à cornes n'y sont pas de la plus petite espèce, parce que les bords du Gers et de la Bayse produisent des foins en abondance, et que les pacages y sont bons ; mais les cultivateurs s'occupent si peu de l'amélioration de leurs bêtes à laine, que l'espèce y demeure dans un état pitoyable de rabougrissement.

Communément cet arrondissement ne produit pas au delà des deux tiers des grains nécessaires à sa consommation ; il n'en a pas produit le quart cette dernière récolte : et ce qui y rend la situation des habitans plus critique, c'est que la sécheresse, et les chaleurs brûlantes de l'été ont détruit les maïs et les légumes, dont ordinairement les petits propriétaires se nourrissent, alors qu'ils vendent leur froment pour payer les impôts dont ils sont surchargés.

La ville d'Auch n'a jamais eu de marché à grains, en sorte que les boulangers achètent les blés dans les greniers, ou vont les chercher aux marchés voisins; la ville de Gimont en a d'infiniment considérables, et il s'y tient aussi des foires à bétail de la plus grande importance.

Il en est de même de Vic-sur-Losse, où se trouvent plusieurs citoyens industrieux, amis du commerce, qui achètent journellement, *pour Bordeaux*, les eaux-de-vie et autres denrées du pays, sur lesquelles ils font d'honnêtes bénéfices, puisqu'on remarque avec satisfaction que cette ville prend un accroissement sensible, qu'on y bâtit des maisons, dont l'élégance atteste aux voyageurs l'aisance des propriétaires.

La principale ressource des petits propriétaires de cet arrondissement, et en général
néral

néral de tout le département du Gers, pour l'acquit de leurs impositions et l'entretien de leur famille, consiste dans l'éducation d'une assez grande quantité de cochons, et d'une, de deux, de trois mules ou mulets, qu'ils vendent aux Espagnols, dès l'âge de six mois, ou un an, depuis soixante écus jusqu'à soixante pistoles.

Ce serait donc une très-grande folie que d'entreprendre dans ce département un établissement de haras, selon que l'ont proposé des hommes à systèmes, ou de mauvais calculateurs.

DU PREMIER ARRONDISSEMENT COMMUNAL.

Condom.

L'arrondissement communal de Condom a pour chef-lieu la ville de Condom, dont la population est d'environ six mille habitans; elle est la patrie du brave *Larroche*, général de division, et de plusieurs autres militaires recommandables.

Cette ville est située dans une vallée riante: la rivière de la Bayse mouille ses murs, et y

Gers.   B

active de très-beaux moulins ; ce n'est pas loin de là qu'elle commence à porter bateau, et qu'elle se jette dans la Garonne.

On remarque à Condom un temple, dont la voûte est des plus majestueuses.

Il y a des promenades agréables, plantées d'ormes encore jeunes ; mais il serait facile aux magistrats de cette cité d'augmenter ses embellissemens, de flatter l'œil du voyageur, en bordant ses avenues d'un double rang de peupliers d'Italie, dont la croissance est toujours assurée, dont l'élévation rapide et l'uniformité produisent des sentimens délicieux.

Déjà plusieurs maisons, bâties à la moderne, annoncent l'aisance des habitans ; on y trouve encore quelques anciennes fortunes, échappées aux orages de la révolution.

Les citoyens y sont d'une activité que rien n'égale ; presque tous marchands ou négocians, ils font avec la ville de Bordeaux un commerce très-étendu sur les denrées du pays, sur les grains et les eaux-de-vie.

Cette ville possède deux hospices civils, où, de même qu'à Auch, sont reçus les enfans abandonnés et les militaires malades.

Les vœux des magistrats et des habitans se prononcent de plus en plus pour la réunion de ces deux hospices. Il y aurait, disent-ils, une économie annuelle de trois à 4,000 fr. sur les dépenses générales ; l'administration intérieure y gagnerait infiniment, et une police bien autrement exacte serait maintenue parmi les employés.

Je me suis personnellement convaincu dans ma tournée, de l'utilité de ce projet, et j'ai ordonné qu'on me fournît les plans nécessaires, afin que je puisse en faire incessamment l'objet d'une demande spéciale au gouvernement.

L'hospice conservé se trouverait hors des murs de la ville, dans un local vaste, une position avantageuse, et un endroit infiniment propre au prompt rétablissement des malades.

Les campagnes de l'arrondissement de Condom (avec celles de l'arrondissement de Lombez), sont considérées, en général, comme les meilleures du département ; on y récolte des blés, du maïs et du vin en abondance.

Toutefois, il arrive souvent que les brouillards du printemps , ou les grêles de l'été , ravagent cette contrée. Lorsque ces accidens , trop ordinaires , ne surviennent pas , cet arrondissement produit environ un tiers de froment ou autres grains au-dessus de sa consommation , et c'est toujours vers Bordeaux que s'écoule cet excédent.

Les propriétaires de cet arrondissement , quoique familiers avec la Gironde , n'ont pas encore appris à faire le vin , ni à le soigner : cela vient sans doute de ce que , accoutumés à le convertir en eaux-de-vie , la couleur et la préparation leur deviennent moins importantes.

La partie méridionale et celle du sud-ouest de cet arrondissement , présentent une grande surface de terrain , entièrement couverte de bois de futaie , qu'on exploite en merrain , ou de landes qu'on cultive avec soin. Cette contrée dépendait de l'ancien arrondissement du district de *Nogaro* ; elle est à 12 grandes lieues du chef-lieu actuel de la sous-préfecture (20 lieues de Paris). Il en résulte que cet arrondissement est presque aussi vaste , à lui seul , que certains départemens de la République ; qu'on ne peut pourvoir dans cette partie , ni au maintien de l'ordre , ni à la perception et au versement des deniers publics.

Entre Condom et Nogaro on trouve la ville d'Eause, l'une des plus anciennes de la Gascogne , détruite autrefois par les Romains , et rebâtie ensuite de ses propres ruines. Elle est l'ancienne capitale du ci - devant pays d'*Armagnac* , fameux par la délicatesse et la bonté de ses eaux-de-vie. Nulle part la vigne n'est mieux cultivée que dans cette partie : sauf la taille, presque tout le travail s'y fait avec les bœufs de labourage ; aussi s'y trouve-t-il des propriétaires et des négocians fortunés. Tout porte à croire que cette ville deviendra dans la suite une des plus considérables du département du Gers ; les hommes, incessamment occupés d'agriculture et de commerce , y vivent dans les sentimens de l'amitié ; les femmes y sont de la société la plus agréable.

Selon que je l'ai observé , la partie de l'arrondissement de Condom , qui appartenait au ci-devant district de Nogaro , présente une grande surface de landes , de terres froides , stériles et mauvaises ; mais ;

comme si la nature eût redouté dans ce pays-là les malédictions des cultivateurs , elle s'est attachée à y multiplier les marnières à l'infini.

Tous les vingt ans , une pièce de landes est levée, saturée d'une quantité suffisante de marne , et pendant vingt ans elle produit autant que les meilleurs terrains qui demeurent sans engrais. On laisse ensuite reposer cette pièce pendant un égal nombre d'années , afin qu'elle redevienne vierge , et l'on s'attache à la culture d'une autre pièce.

On s'aperçoit aisément qu'il n'est pas possible de faire de grandes réserves dans un semblable pays , parce que ce genre de culture occasionne annuellement des frais d'exploitation considérables.

Les bestiaux ne sont pas rares dans cette contrée , mais ils sont petits et maigres ; les chevaux n'y ont communément que deux ou trois pouces, mais ils sont pleins de feu et de bonté : les fruits y sont aussi mauvais que rares. Le maïs fait la principale nourriture du peuple des campagnes.

DU SECOND ARRONDISSEMENT.

Lectoure.

Cet arrondissement est un peu moins bon en général que celui de Condom.

La ville de Lectoure, chef-lieu de la sous-préfecture, composée de cinquante-cinq mille habitans, a donné le jour à plusieurs militaires distingués, mais parmi lesquels les Français remarquent avec complaisance le général *Lannes*.

La fondation de la ville de Lectoure remonte à la plus haute antiquité. Bâtie sur un roc escarpé, défendue par sa position, autant que par ses murailles, elle soutint jadis des siéges nombreux, mais toujours funestes à ses ennemis ; tant était belliqueuse et guerrière l'humeur de ses habitans !

Du flanc de ses remparts sortent des sources fécondes de l'eau la plus limpide ; au-dessous est située une manufacture de cuirs, ou tannerie, la plus belle qu'il y ait dans la République. Ses fosses nombreuses, ses ateliers, ses aquéducs, ses robinets, ses lavoirs,

tout est alimenté par les eaux de ces fon-
taines. Les bâtisses coûtèrent des sommes
considérables à ceux qui créèrent ce bel établissement.

A l'est de la ville sont des promenades ré-
gulières, des allées délicieuses, d'où l'œil du
citoyen contemple, dans la plus vaste étendue, le tableau varié et enchanteur de la
nature dans toute la pompe de son luxe, et
dans tout l'éclat de ses magnificences.

Au nord sont aussi des promenades agréables, formées tout exprès pour servir d'a-
venue à un hospice civil de la plus grande
beauté.

Au midi de cette ville, sur la plaine fertile du Gers, est la petite ville de Fleurance,
où se tiennent des foires et des marchés à
grain et à bétail de la plus grande utilité.

Là, plusieurs citoyens, adonnés au commerce dès l'enfance, entretiennent avec Bordeaux des relations profitables à leurs com-
patriotes; là existent beaucoup de fortunes
honorables; là, enfin, se trouve une société
aussi nombreuse qu'agréable de citoyens vertueux et honnêtes.

Cet arrondissement ramasse presque chaque année un tiers ou un quart de grains au delà de sa consommation ; mais là, comme partout ailleurs, la récolte de l'an 8 a été extrêmement mauvaise.

On y recueille aussi du vin en assez grande abondance, qu'on convertit communément en eau-de-vie. Le bois de chauffage n'y est pas rare, et la forêt nationale qui y existe, ne permet pas qu'on craigne de l'y voir manquer.

DU QUATRIÈME ARRONDISSEMENT.

Lombez.

Cet arrondissement, d'une moindre étendue que les autres, ne le cède point en bonté à celui de Condom.

La ville de Lombez, chef-lieu de la sous-préfecture, ayant une population de quatorze cent quarante-quatre individus, est située sur la rive gauche de la Save, dans une plaine de la plus grande fertilité, mais sujette aux dévastations que procurent trop fréquemment les débordemens de cette rivière. On y recueille du froment, du seigle, du maïs, des haricots.

Partie des côtes de cet arrondissement sont couronnées de bois taillis ; quelques-unes de vignobles, qui donnent du vin médiocre, et le plus grand nombre semées d'excellent froment.

On élève dans cet arrondissement des bestiaux de toute espèce ; mais on y a un soin tout particulier de l'éducation des mules, à cause du voisinage de l'Espagne. Un témoignage éclatant de satisfaction et de reconnaissance publique est dû au cit. Macmahon, Irlandais d'origine, pour avoir formé dans cet arrondissement l'établissement d'un troupeau de race espagnole de la plus grande beauté, et qui sera comme la pépinière des beliers nécessaires aux cultivateurs, pour croiser et améliorer les espèces.

La ville de Lombez est à la fois moins peuplée et moins centrale que celle de l'Isle-Jourdain, ancien chef-lieu de district, dépendant du même arrondissement ; mais tout porte à croire que le ci-devant canton de l'*Isle-en-Dodon*, dépendant aujourd'hui de l'arrondissement de Saint-Gaudens (au département de la Haute-Garonne), dont il est à douze lieues, sera réuni à l'arrondissement de Lombez, dont il n'est qu'à deux lieues, et où il peut aboutir par de très-belles routes; alors cet arrondissement sera des plus majeurs.

Les villes de l'Isle-Jourdain et Lombez présentent le spectacle agréable de la propreté, de l'aisance, et même de l'abondance chez les citoyens, de la bonne éducation chez les femmes, et de l'union de tous les cœurs.

DU CINQUIÈME ARRONDISSEMENT.

Mirande.

L'arrondissement de Mirande, le plus étendu du Gers, ressemble beaucoup, par la qualité de son sol, à l'arrondissement d'Auch; comme lui, il est montueux, et presque stérile dans plusieurs de ses parties.

On y cultive la vigne et le blé; il manque de prairies, et a par conséquent peu de bestiaux : cependant le canton de *Miélan* produit des moutons, qui, quoique d'une petite espèce, ont une réputation méritée de bonté.

Les montagnes des Pyrénées-Occidentales, dont cet arrondissement n'est pas éloigné, lui causent presque tous les ans des grêles dévastatrices : c'est là la principale cause de la stérilité du sol et de la pauvreté des habitans.

Ces grêles, dont la grosseur est souvent énorme, écharpent les ceps de la vigne, et les stérilisent pour plusieurs années.

Entassées sur les guérets, elles y restent long-temps sans se résoudre; leur fonte longue et insensible refroidit jusqu'aux entrailles de la terre, en appauvrit les élémens, détruit tous les principes de la végétation, etc.

Cependant la partie occidentale de cet arrondissement, qui se trouve traversée par la rivière de la Rosse, avant sa jonction à l'Adour, dans une étendue de sept à huit lieues, est d'une beauté et d'une fertilité rare.

Les petites villes de Marciac, Plaisance et Barcelonne, se trouvent dans cette plaine, sur l'une ou l'autre rive de la Rosse, dans des sites avantageux : elles sont presque entièrement bâties en terre, à cause de la rareté de la pierre ; elles effraient l'imagination du voyageur, par le tableau de leur noirceur et de leur peu de propreté. J'ai remarqué que ce sombre des murailles influait beaucoup sur le caractère des habitans ; car, point de doute que la blancheur des maisons, que la propreté des rues, que la disposition des bâtimens ne récréent l'esprit et n'égaient l'homme. Je ferai tout ce qui sera en moi pour déterminer les habitans de cette contrée à blanchir de temps à autre tout l'extérieur de leurs habitations.

La rivière de la Rosse, ainsi que je l'ai observé, coule dans toute son étendue sur un lit fixe, creusé dans une terre ferme, et dont les bords sont défendus par des arbres de la plus grande vigueur ; mais, dès qu'elle entre dans l'Adour, elle prend le caractère de cette dernière rivière.

L'Adour, rapide et vagabonde, coule sur un sable mouvant ; aussi a-t-elle renversé en peu d'années le superbe pont de pierre bâti sur le passage de la ville d'Aire, à l'extrémité des départemens du Gers et des Landes.

Ce pont, dont la maçonnerie était de la plus grande solidité, a uniquement manqué par ses bases mal assises : les arches renversées les unes sur les autres, sans s'être rompues nulle part, présentent l'horrible spectacle d'une flotte échouée.

Le cours des eaux, suspendu par tant de ruines, se fait jour à travers la rive droite, attaque d'une manière irrésistible le village situé près du pont, et menace d'enlever une grande masse de propriétés précieuses.

Je ne parle ici de ce pont, que parce que sa chute a rompu presque toutes les communications du département du Gers dans cette partie, et que cette perte serait désormais irréparable, si la commune de Barcelonne (dans le Gers) ne possédait un moulin, dont la chaussée, solidement bâtie, lui facilitera la construction d'un autre pont à une demi-lieue au-dessus de la ville d'Aire.

Le maire de la ville de Barcelonne et son adjoint s'occupent activement de ce projet : le gouvernement, je l'espère, y donnera son assentiment, et permettra d'autant plus volontiers la perception d'un modique péage sur ce pont, pendant un temps déterminé, que cela le dispensera de reconstruire lui-même, à grands frais, celui du passage d'Aire.

Les vins recueillis dans les environs de la Rosse et de l'Adour, sont beaucoup trop gé-

néreux pour ne pas communiquer un caractère d'exaltation et de violence aux hommes
qui en font un usage habituel; aussi remar-
que-t-on que, dans cette partie du département, les meurtres et les autres attentats
sont beaucoup plus fréquens que partout ailleurs. Pour légère que soit sa querelle, un
habitant sans éducation menace de son fu-
sil, et tire dans l'instant même sur son voi-
sin, ou sur son ennemi.

La terreur est dans cette contrée, depuis
qu'une bande de chauffeurs y fut organisée,
et que son chef, traduit devant une com-
mission militaire, fut relâché, quoique démontré coupable. Cette horrible faveur, di-
sent les hommes honnêtes du pays, avait
reçu son salaire.

Je tremble incessamment sur cette partie
du territoire confié à mon administration,
lorsque je pense qu'elle est au moins à vingt
lieues de Paris de la sous-préfecture; que
les juges de paix ne peuvent ni être surveil-
lés, ni être secourus; qu'il en est de même
à l'égard des maires, et qu'il est impossible
de trouver des citoyens qui veuillent se char-
ger de la perception de l'impôt public; tant

est éloignée la caisse du receveur ! tant sont grands les dangers et les dépenses ! .... Il suit de cette observation que l'établissement d'un arrondissement communal à *Nogaro*, ancien chef-lieu de district, est impérieusement commandé par le besoin, et que nulle part l'autorité d'un tribunal et d'un sous-préfet ne peut être si indispensable que là.

Observations générales.

Le département du Gers, ainsi qu'il a été démontré par son conseil général, paie au moins un tiers d'impositions foncières et mobiliaires au delà de ce qu'il devrait payer, eu égard à sa valeur comparative avec les départemens environnans, et eu égard à ses facultés réelles.

Il suffit de savoir qu'il est sans rivières navigables ou flottables, sans industrie et sans commerce, pour demeurer convaincu que les impositions devraient y être modiques, surtout lorsqu'on considère que presque toutes les années, un ou plusieurs de ses arrondissemens sont ravagés par les orages, qui s'élèvent près de lui dans les Pyrénées;

nées; qu'il n'a pas de bestiaux de labourage au delà de ses besoins, et qu'environ le tiers de sa surface est de la plus mauvaise qualité, du plus faible produit.

Les prairies artificielles ne sont pas, en général, avantageuses dans ce département, non-seulement parce que la police des campagnes étant mal assurée, les bestiaux, abandonnés aux soins des petits enfans, se répandent dans ces prairies et les détruisent; mais encore, parce que le sol compacte et argileux, se dessèche aux premières chaleurs de l'été, et laisse les racines de la plante exposées à une torréfaction qui la fait périr.

Le cultivateur connaît tout l'avantage qu'il y aurait à convertir successivement ses prairies en guérets, et ses guérets en prairies ; mais il a l'expérience que ces changemens successifs lui occasionnent des frais qui ne sont pas compensés par les produits : il préfère donc laisser ses propriétés en prairies ou en guérets perpétuels.

Par la raison que dans la presque totalité du Gers le terrain est argileux, pierreux et compacte, que les chaleurs y sont violentes, et que les fruits tardifs y sont ordinairement desséchés, la pomme de terre n'y réussit pas parfaitement. Chaque citoyen en sème pour pouvoir dire qu'il en récolte ; mais aucun n'y occupera un champ qu'il peut mettre plus utilement en maïs, d'autant que la qualité ne répond point aux soins qu'on y apporte. Je ferai cependant tout ce qui dépendra de moi pour ménager cette culture.

Il y a cinquante ans que le Gers était encore un pays entièrement perdu ; on n'y rencontrait que quelques petites villes ou gros bourgs, dans lesquels était réunie toute la population. Les campagnes désertes et misérables n'offraient que quelques hameaux épars. Les habitans de ces hameaux recueillaient tout autour d'eux ce qui était indispensable au soutien de leur existence ; mais rien au delà. Ils ne communiquaient avec aucun être pensant ; ils avaient, pour la plupart, un caractère sauvage et insociable.

A cette époque, un des plus grands administrateurs du dix-huitième siècle, un intendant dont la mémoire ne saurait être trop honorée, est envoyé dans la généralité de Gascogne. Il gémit sur le sort de ses habitans; il ambitionne de se rendre célèbre par leur bonheur, de se rendre heureux par leur reconnaissance : à l'instant même il entreprend d'immenses travaux; il ouvre de vastes communications; il traverse la Gascogne de mille routes diverses; il en fait comme un jardin divisé par compartimens, comme une cité percée de rues parallèles ou transversales; il joint de cette manière la Gascogne à l'Espagne, et à l'une et l'autre mer. Tels furent les prodiges dont le célèbre Détigni étonna les Pyrénées et le Gers. Il était alors à la fleur de son âge, et la mort vint le moissonner au fort de ses travaux, précisément lorsqu'il s'occupait des moyens d'exécution du plan qu'il avait déjà conçu, de creuser un canal de navigation parallèle à la rivière du Gers, et qui eût rendu cette province l'une des plus florissantes de la République.

A l'aspect des merveilles enfantées par ce génie créateur, les cultivateurs ouvrent les yeux, et sortent de leur engourdissement : ils remuent avec vigueur les entrailles de la terre; ils plantent des vignobles magnifiques; ils établissent leurs communications, et en dix ans ils décuplent, avec leur population, la quantité et le prix de leurs denrées diverses.

Il ne fut point nécessaire à l'intendant Détigni de disséminer parmi les citoyens, des professeurs d'agriculture, pour apprendre à chacun la nature de ses fonds, le genre de culture auquel ils étaient propres ; tous connurent, comme par enchantement, la constitution générale et particulière de leurs domaines, le genre de produit qu'ils devaient en attendre ; en un mot, les transports, les débouchés des denrées assurés. L'intérêt particulier encouragea le travail ; le travail encouragé fit du Gers et de la Gascogne, en général, une des plus belles provinces de l'État..... J'indiquerai les solides moyens de l'améliorer infiniment encore.

Ce département ne présentant pas, comme bien d'autres, à la jeunesse la ressource du commerce et du choix des états, presque tous les artisans aisés, ou les petits bourgeois de campagne et des villes, consacraient au moins un, deux, trois de leurs enfans aux inutilités de la vie monastique, ou aux voluptés du sacerdoce séculier. Ils étaient d'autant moins maladroits à cet égard, que le clergé était immensément riche dans cette province ; car presque partout les dîmes étaient le septième ou le huitième des fruits et des bestiaux.

Tous ces prêtres débarrassaient leur famille d'un assez grand nombre de sœurs ou de nièces, qui trouvaient fort agréable de ne rien faire pour vivre, et de ne se priver d'ailleurs d'aucun des amusemens de la vie.

Ainsi, les bras de l'agriculteur, ses sueurs et ses larmes, étaient perpétuellement mis à contribution pour alimenter la paresse et le vice.

La suppression des dîmes et des cloîtres est donc maintenant le plus puissant levier de l'agriculture ; c'est, de toutes les institutions, de toutes les usurpations sur le peuple, celle qui a le moins coûté à détruire, et celle qui coûterait le plus à rétablir.

L'agriculture dans le département du Gers s'est enrichie de toutes ces propriétés religieuses, que les lois stupides de la main-morte retenaient dans l'inculture. Ces propriétés, vendues par petites parties, sont tombées entre les mains d'une multitude de pères de famille qui en ont centuplé les produits.

La vente des biens des émigrés s'étant faite, en général, par corps de ferme, n'a pas produit les mêmes résultats en faveur de l'agriculture.

La division des propriétés dans le Gers, en vertu des lois sur les successions, ne peut qu'y devenir, en général, très-utile à la population et à l'agriculture ; cependant, dans les parties où le terrain est très-mauvais, et où une petite étendue ne peut jamais suffire à nourrir une famille, cette division deviendra très-nuisible à l'une et à l'autre : il serait donc à désirer que les propriétés se divisassent infiniment dans les pays productifs, parce que là, un arpent de terrain bien soigné produit annuellement plus que ne produisent ailleurs une très-grande étendue de mauvais terrains également bien soignés, et avec des frais énormes de culture.

Au reste, quelles que soient les lois à cet égard, les citoyens divisaient toujours le moins possible leurs propriétés dans le Gers, et ils y réussirent habituellement par les mariages et autres arrangemens de famille.

L'habitude où étaient presque tous les citoyens du Gers d'avoir quelqu'un des leurs dans le sacerdoce, leur a fait regretter pendant long-temps de ne plus trouver ce débouché commode pour leur famille. Aujourd'hui on convient franchement que c'était un abus ; en conséquence, on applique à l'agriculture les enfans qu'on destinait à la prêtrise ; l'agriculture a donc encore gagné beaucoup de ce côté-là. Les arts et les sciences n'y gagneront pas moins, parce que les riches, qui se faisaient prêtres par vanité, chercheront à se distinguer d'une manière plus utile.

L'anéantissement de la féodalité a produit les mêmes résultats : les bourgeois, les nobles eux-mêmes, qui redoutaient, dans les campagnes, le despotisme des seigneurs ; qui cherchaient à se dédommager dans les villes, par des emplois flatteurs, ou la jouissance des droits de cité, des devoirs de la servitude féodale ; qui laissaient ainsi, à des mains indifférentes et mercenaires, le soin de cultiver leurs propriétés, ne trouvant plus dans les villes l'aliment de leur ancien orgueil, ni dans les campagnes les instrumens de leur ancienne oppression, se retirent sur leurs domaines, y deviennent leurs propres fermiers, leurs propres régisseurs, et les ci-devant régisseurs ou fermiers consacrent de nouveau à l'agriculture des bras qu'ils en avaient détournés. L'évidence de tous ces résultats est démontrée par l'observation suivante :

De ce que les denrées, les étoffes, les bestiaux, en un mot tous les objets de consommation sont chers dans le département du Gers, des hommes ignorans ou perfides crient au malheur et à la ruine générale.

C'est, au contraire, parce que tout est cher, que le peuple est devenu riche : car cela prouve que les besoins se sont multipliés avec l'aisance.

Ainsi, la cherté des journées, ou la main d'œuvre en général, est moins due à la pénurie des bras qu'à la commodité et à l'aisance qui ont paru chez le petit cultivateur, chez l'homme de journée. Parce qu'ils ont enfin goûté, ces anciens malheureux, les avantages de la régénération politique, ils ont accru leurs jouissances avec leurs consommations, et les denrées se sont soutenues à un prix élevé. Presque partout, à la place d'un grabat arrosé de larmes, l'homme qui remue la terre a couché ses tendres enfans sur le duvet ou sur la plume; presque partout il a pourvu son ménage des effets les plus indispensables à son entretien; presque partout il a embelli sa triste demeure. Qu'ils sont inhumains et barbares ceux qui jalousent ces premiers avantages de la révolution, ces premiers amendemens de la nature à l'égard du pauvre!! C'est au gouvernement, c'est à l'administrateur éclairé qu'il appartient d'apprécier ces grands résultats, de les agrandir de jour en jour, d'en faire les appuis de la puissance, et les bases impérissables de la gloire nationale.

On ne peut pas se dissimuler que la réquisition, mais surtout la conscription militaire, n'ait porté de grandes atteintes à l'agriculture dans le Gers.

Cette dernière loi, en frappant indistinctement tous les hommes d'un âge déterminé, a enlevé d'un seul coup tous les bras d'une même famille, tous les laboureurs d'un vaste domaine, tous les bras d'un même fermier. Un grand nombre de cultivateurs ont été obligés d'abandonner leurs exploitations, et de livrer leur vieillesse délaissée à la bienfaisance publique..... Si les besoins de la République devenaient moins impérieux, le gouvernement ne pourrait trop se hâter de laisser à chaque famille de cultivateur, le fils unique qui lui reste, ou un de ceux qui sont encore à partir; la loi ne serait sans doute que mieux exécutée à l'égard des autres.

Le dépérissement des routes, s'il se prolongeait encore, produirait sur l'agriculture de ce département les plus terribles résultats; je dirai les moyens de prévenir ce malheur.

Le cours de la vie des citoyens ne dépasse pas quatre-vingts ans; il est ordinairement de soixante à soixante-dix. La pureté de l'air semblerait la promettre plus longue; mais les chaleurs extrêmes, et les variations subites des saisons causent des fluxions communément mortelles.

La population croissait dans le Gers à vue d'œil avant la révolution; depuis cette époque, elle n'a cru ni décru d'une manière sensible : il est vrai qu'elle a au moins sept à huit mille hommes à la défense de la patrie, ou qui sont morts dans les champs de l'honneur.

Les causes qui suspendent l'augmentation de la population, sont également nombreuses et faciles à concevoir.

Le département du Gers est un des départemens de la République où l'inoccupation, je devrais dire l'habitude de l'oisiveté des citoyens, ait produit les plus funestes effets. Plusieurs ne se mêlant ni d'agriculture, ni de commerce, ni d'arts libéraux, ni de professions honorables, ni de métiers utiles, ont nourri leur cœur de tous les fermens révolutionnaires. L'esprit de domination, l'ambition des places, le désir de la célébrité, la soif des vengeances, toutes les passions tumultueuses s'y sont montrées tour à tour : les partis s'y sont formés, s'y sont exaltés, s'y sont combattus avec acharnement, s'y sont aigris de leurs défaites, s'y sont relevés pour se détruire de nouveau!!! On ne saurait dire tous les maux dont ils méditaient de s'accabler encore, tous les fléaux qu'ils s'apprêtaient à verser sur le citoyen paisible, sans l'immortelle journée du 18 brumaire!!

Le souvenir de ces temps malheureux n'existe déjà plus dans le département du Gers, tant est grande la confiance des citoyens dans le gouvernement, et tant je me suis attaché à cicatriser toutes leurs plaies! mais au milieu de tant d'alarmes, de tant de secousses révolutionnaires, chacun a redouté sa propre fécondité; chacun a craint de se marier, *s'il était célibataire*, ou de se reproduire, *s'il était époux*. Les femmes, à cet égard, se sont montrées d'accord avec les hommes : ainsi, ou l'on a suspendu les jouissances de la vie, ou l'on s'est appliqué à les rendre infructueuses, et les mœurs en ont rougi!

A cette cause trop réelle s'est joint l'inquiétude de l'avenir, l'instabilité du gouvernement précédent, l'horrible système de bascule inventé par un directoire machiavélique, pour froisser successivement tous les citoyens et éteindre toutes les lumières; le bouleversement des fortunes, et la ruine des familles par le *maximum* et le papier-monnaie; enfin, la crainte de ne plus trouver d'état honnête à donner à ses enfans, telles sont les causes qui, depuis dix ans, ont retenu un grand nombre d'époux dans une sorte de célibat.

La paix, en vivifiant l'agriculture, l'industrie, le commerce, vivifiera aussi la nature humaine, et la rendra d'autant plus féconde, qu'elle apercevra autour d'elle un vide immense à remplir, huit générations moissonnées à réparer!! Il suffit pour tout cela que le gouvernement demeure juste, qu'il se montre économe, et qu'il soit protecteur.

Il est vrai que, pendant ces dix années, les enfans abandonnés se sont multipliés dans le Gers d'une manière effrayante; mais ce sont les mêmes causes qui ont produit des effets si contraires.

Les maris, tout en craignant d'avoir avec leurs épouses ces tendres relations qu'inspire la nature, que commande l'amour conjugal, se sont détournés vers des femmes étrangères.

Les hospices étant là, ils n'avaient à redouter ni le fardeau des enfans, ni la sollicitude des mères, d'où il en est résulté qu'en

général, les filles à gages ont été attaquées
et vaincues.

Quiconque connaît le cœur humain, a dû
s'apercevoir d'ailleurs qu'un trop grand nombre de filles, voyant disparaître avec rapi-
dité leurs amans, ceux qu'on leur destinait
pour époux, ont facilement consenti à leur
accorder, avant leur départ, un témoignage
de tendresse : Eh! quel est l'homme sensible
qui ignore ce qui se passe dans des cœurs
mutuellement épris, à la veille d'une sépara-
tion déchirante ? quel est celui qui n'en pré-
sume les résultats ? Ainsi, beaucoup de dé-
fenseurs de la patrie sont devenus pères
avant leur départ.

Ce n'est pas tout; un grand nombre de
filles, voyant que la guerre se prolongerait
au delà de leurs vœux, que les filles encore
au berceau viendraient bientôt les rempla-
cer dans les temples de Cythère , qu'ainsi
tout hymen deviendrait impossible pour elles,
ont versé des pleurs sur leur virginité : cette
faiblesse a été comprise de tous les hommes!
Vainement la prudence et la crainte ont lutté
contre ces sentimens impérieux de la nature ;
des rapprochemens, désavoués par les lois,

ont donné la mesure de la faiblesse humaine, et de là ce déluge d'enfans que les hospices récèlent.

Peut-être aussi la sécurité légale des hommes, à l'égard des filles dont ils ont reçu des faveurs, les a-t-elle enhardis aux entreprises illicites, et peut-être a-t-on mal fait de ne plus compter pour rien l'aveu d'une mère inexpérimentée, et sensible à l'égard de l'auteur de sa maternité.

Au reste, le grand nombre de militaires revenus successivement des armées, est loin d'avoir rapporté dans leurs familles cette docilité et cette simplicité de mœurs qui les caractérisaient avant leur départ. Accoutumés à vaincre dans des combats pénibles, ils ont pu multiplier sur leurs foyers des conquêtes aisées.

Pour les réquisitionnaires et conscrits mariés dans les vues de se garantir du service, étant presque tous pauvres, et toujours incertains de leur état, ils sont comme les autres époux : la population n'y a presque rien gagné ; l'agriculture seulement y a trouvé quelque avantage.

Mais, si je ne me trompe, le grand nombre d'enfans abandonnés, tout en mettant en évidence la facilité des fautes, ne prouve pas la corruption des mœurs. Dans les grandes villes, à Paris, à Lyon, à Bordeaux, où les mœurs sont dans le plus haut degré de leur dépravation, la débauche n'y peuple point : là donc où l'union des sexes est connue par ses fruits, l'on est encore près de la simplicité de la nature, et il sera toujours facile d'y redresser ses écarts. Ce sera là l'effet naturel de l'éducation nationale, de la décence des premiers magistrats de la République, et du renforcement de l'autorité paternelle.

De ce que je viens de dire, on peut conclure que la suppression des communautés religieuses d'hommes ou de femmes n'a encore produit aucun effet sensible dans le département du Gers en faveur de la population; car les filles, que les parens eussent jetées dans les cloîtres, sont encore sans époux; et les hommes, qui fussent devenus prêtres ou moines, sont morts dans le champ de l'honneur, ou y défendent encore la République.

Parmi ceux qui déjà s'étaient voués à ces

sortes

sortes d'états, et que les lois ont rappelé aux vœux de la raison et de la nature, le grand nombre était déjà d'un âge fort avancé ; l'habitude de la mollesse et des jouissances de la vie, n'a pas permis aux autres de voir sans regret une révolution qui altérait leur bonheur ; ils ont fui la patrie.

Parmi ceux qui se montrent soumis aux lois de l'Etat, très-peu jouissent de quelque fortune ; d'ailleurs, les préjugés, leur propre éducation, et plus que tout cela les chances révolutionnaires, les ont forcés à oublier la sensibilité de leur cœur.

Mais je ne doute pas qu'à la paix le département du Gers (indépendamment de ce qui en résultera d'honorable pour la République) n'ait annuellement une augmentation de population de mille individus de plus qu'avant la suppression des couvens, des chapitres et des dîmes.

L'instruction publique n'a cessé de languir dans le Gers, que parce qu'il n'y a que très-peu de maîtres d'écoles, ou d'instituteurs primaires en état d'enseigner. Il en résulte ce grand mal, que la superstition et le fanatisme conservent encore dans plusieurs de

Gers. D

ses parties un empire absolu sur les bons citoyens des campagnes, et même en appa-
rence sur ceux de plusieurs villes. Sans doute
que le nouveau système d'instruction publique qu'on prépare à la France, remédiera
à tant de maux, et que des instituteurs partout honnêtes et instruits, apprendront enfin
aux enfans à mépriser tout ce qui n'est pas
avoué par la raison et la sagesse.

Les anciennes fêtes chômées dans tout le
Gers, et défendues, plus fortement que jamais, par les prêtres, comme d'institution
divine, sont un véritable fléau pour l'agriculture : le gouvernement saura connaître
le temps où il pourra en essayer la destruction, et les réduire, soit au décadi, soit au
dimanche.

Un genre d'instruction, le plus important,
le plus essentiel à la société, puisque c'est
celui qui conserve la vie ou procure la mort,
n'est connu, nulle part, dans le département du Gers. Les femmes, dont les enfan-
temens sont laboriéux, y périssent sans se-
cours, ou n'en reçoivent que des mains as-
sassines; ainsi, le père de famille perd, à la
fois, et la mère, et l'enfant.

Presque tous les chirurgiens sont de véritables meurtriers, n'ayant pour toute connaissance que celle d'une médecine unique, et applicable à tous les maux, pour tout instrument qu'une lancette.

Une autre classe d'hommes non moins importans, n'y est en général guère mieux instruite ; c'est celle des notaires, de ces hommes en qui reposent constamment les destinées des familles.

Moyens de conservation et d'amélioration générale.

Le grand, le vrai, peut-être l'unique moyen de maintenir et d'améliorer le département du Gers, en général, est d'y creuser le canal de navigation conçu par *Détigny*.

Trois pouces d'eau, que ce canal recevrait de la Neste (1), suffiraient pour l'alimenter ; il coulerait parallèlement avec le

______

(1) Petite rivière des Pyrénées, qui se jette dans la Garonne, au-dessus de Toulouse ; elle n'est séparée du Gers que par un coteau qu'il suffirait de percer à sa base.

D 2

Gers, dans une pente insensible, et il n'aurait besoin que de très-peu d'écluses.

Débarrassés des transports longs et périlleux, les laboureurs cultiveraient mieux leurs terres : il faudrait un quart moins de bestiaux ; des marins se formeraient en abondance ; le flottage des bois des Pyrénées serait perpétuel ; les ressources de Bordeaux deviendraient immenses, et les richesses du Gers incalculables. Le Ministre qui entreprendra ce grand ouvrage, acquerra des droits étendus à la reconnaissance et à l'admiration des citoyens de ce département ; sa mémoire sera immortelle.

En ouvrant des communications de toutes parts, en créant de grandes routes, l'intendant *Détigny* avait créé, de nos jours, la vaste province de Gascogne.

Depuis quinze ans il n'a été rien fait sur ces grandes routes ; aussi sont-elles en plusieurs endroits dans un état déplorable de dégradation.

L'abandon de ces routes, de la part du gouvernement, emporte nécessairement avec lui l'abandon du département, sa destruction et sa ruine ; car, encore une fois, n'ayant que ses grandes routes pour tout moyen d'exploitation, ses laboureurs étant obligés, chaque jour, de faire douze et quinze lieues avec de petits bœufs, pour charroyer les grains ou les eaux-de-vie dans ces pays montueux, il est évident que sa perte est inévitable.

Quel est le moyen d'entretenir tant de routes ? Si le gouvernement juge encore à propos de prolonger l'existence des barrières sur la plupart des grandes routes, il semblera par cela même s'engager à les entretenir, et ce sera sans doute sur les routes de poste ou de première ligne.

Mais que le gouvernement ne s'y trompe pas; dans le Gers, la route de la poste aux chevaux n'est pas la plus importante pour ce département, plusieurs autres du moins lui sont aussi essentielles.

A l'égard de ces dernières, le gouvernement, en y supprimant des barrières, qui gênent sans utilité, pourra faire des règlemens pour leur entretien, et cet entretien devra se faire, partie aux dépens de la commune, qui paierait sa part en main d'œuvre, partie aux dépens de l'arrondissement

communal , et partie aux frais du département.

Comme les hommes aisés et les riches ne travailleront pas par eux - mêmes, ils paieront, et même avec le plus grand plaisir, une part contributive proportionnelle à leurs impôts personnels et fonciers ; alors cette multitude de citoyens qui va se trouver tout à l'heure sans pain , sans argent et sans travail , se répandra sur les grandes routes , et les ateliers qui y seront établis, seront autant d'ateliers de charité : ainsi la besogne à faire , quelque immense qu'elle soit , se fera comme en un clin d'œil , dans les plus beaux jours de l'année , à l'époque où le pain deviendra plus rare, parce que les greniers seront épuisés.

Sur mon invitation , le conseil général du département s'est occupé, dans sa première session, de la valeur comparative des départemens environnans , et il a démontré que, même sans avoir égard aux énormes frais qu'il en coûte, dans le Gers , pour l'exploitation de ses denrées , non plus qu'aux grêles annuelles qui le dévastent, il payait au moins 600,000 fr. de trop ; le procès-verbal de ses séances étant sous les yeux du Ministre, il peut, quand il le désirera, se convaincre de cette vérité, et toujours il sera de sa sagesse de faire réformer une injustice si fatale aux habitans du Gers.

Pour parvenir à régulariser l'administration, à la rendre parfaite dans le Gers, il faut supprimer au moins trois cents communes, et les réunir aux quatre cents restantes. Rien n'empêchera qu'on ne laisse aux communes supprimées, à titre de nom de *section*, le nom qu'elles portent aujourd'hui ; leurs rôles d'impôts pourront aussi, à titre de rôle sectionnaire, faire partie du rôle de la commune, et le maire d'aujourd'hui pourra être remplacé par un commissaire de police subordonné au maire de la commune conservée.... La réunion des communes pourrait procurer celle de plusieurs justices de paix.

D'après la conviction personnelle que j'ai acquise des désastres que procurent sur toutes les plaines ou vallées du département les digues transversales des moulins établis sur chaque rivière, je m'étais décidé à prendre des mesures pour forcer les propriétaires, ou à les abandonner, ou à établir des épanchoirs latéraux d'une largeur égale à celle du lit de la rivière, et au moyen desquels fût incessamment évacuée la surabondance des eaux des moulins; j'aurais fait plus, j'aurais ordonné que des pelles mouvantes eussent été fixées à ces déversoirs, afin de pouvoir évacuer la totalité des eaux à l'instant des orages, ou lorsqu'on est menacé d'un débordement prochain.

Mais comme il est nécessaire que cette mesure soit prise partout à la fois, qu'elle est assez importante en elle-même pour fixer l'attention du gouvernement, et exiger que le conseil d'Etat s'occupe d'un règlement général sur cette partie, je me suis abstenu d'agir, jusqu'à ce qu'il ait plu au gouvernement de me l'ordonner.

J'observe que cette mesure conservatrice n'accélérera ni ne retardera, dans aucun temps, le débordement de la Garonne, parce que la masse d'eau qui s'y porte est incalculable, et que, d'un autre côté, les débordemens de cette rivière n'arrivent jamais qu'en hiver, et qu'alors ils fécondent les propriétés riveraines, tandis que les débordemens qui

ravagent le département du Gers, surviennent toujours en été, et par des pluies d'orage.

Lorsqu'un gouvernement a des mœurs
honnêtes, les gouvernés ont des mœurs pures;
lorsqu'un gouvernement est fidèle à l'acquit
de ses engagemens, qu'il est juste et économe,
tous les gouvernés s'honorent de suivre son
exemple ; lorsqu'au contraire un gouvernement est immoral, injuste, pervers, il communique, presqu'en un seul instant, sa corruption et ses vices à tous les gouvernés : le
petit nombre d'hommes qui échappent à cette
contagion, deviennent alors un objet de risée
et de mépris public.

Ainsi, parce que, jusqu'au 18 brumaire,
les gouvernans ont presque tous donné le
scandale des mauvaises mœurs, de la débauche, de l'injustice, les marchands ont perdu
leur bonne foi, les maris leur délicatesse,
les femmes leur pudeur, les filles leur retenue,
leur modestie et leur honnêteté.

Eh ! comment n'en eût-il pas été ainsi? la
loi elle-même accordait des encouragemens
et des récompenses à toute fille qui devenait
mère ! Les fonctionnaires publics publiaient
avec zèle ces maximes démoralisatrices; et

voilà aussi une des causes qui ont centuplé le nombre des enfans de la patrie.

Aujourd'hui que le gouvernement veut le bien, qu'il lui suffit de le vouloir pour le faire, que l'honnêteté publique est commandée par l'honnêteté de chacun de ses membres, je voudrais qu'indépendamment des autres institutions républicaines, le gouvernement consacrât, chaque année, dans tous les arrondissemens communaux de la République, une somme pour la dotation de toutes les filles de la classe indigente, âgées de vingt à trente ans, qui, sur le rapport des conseils généraux des communes, auraient montré le plus de déférence envers leurs parens, le plus de zèle dans leurs travaux champêtres ou domestiques, le plus de prudence et de modestie dans l'ensemble de leur conduite; c'est d'une semblable institution que dépendent à la fois le rétablissement des mœurs, le nombre des mariages utiles, l'augmentation de la population, la prospérité de l'agriculture, et la gloire du gouvernement.

Le besoin d'augmenter ses produits annuels, à raison de ses dépenses, de doter ses fils, de marier ses filles, etc., a porté un grand nombre de citoyens à détruire ses taillis, à exploiter ses futaies. Plusieurs économistes prétendent que c'est à cela que sont dues, et les chaleurs extrêmes, et les froids excessifs. Sans dire ce que je pense de cette opinion, je ne puis m'empêcher de dire qu'il pourrait être fait des règlemens pour la plantation annuelle des bois dans toutes les terres épuisées. Des exemptions d'impôts, pendant un temps déterminé, des primes même pourraient être données aux agriculteurs, et cela réussirait parfaitement, si d'ailleurs il était fait des règlemens plus sévères sur le parcours, la vaine pâture, et la police des propriétés rurales en général. Il faudrait encore encourager, même contraindre, s'il était nécessaire, les propriétaires riverains de grandes routes à les border de chênes, d'ormeaux, de peupliers, selon la nature du sol.

Les octrois établis à Auch et dans les autres villes du Gers, y ont fait augmenter d'une manière effrayante tous les objets de consommation journalière. Si le gouvernement décharge les hospices des frais de nourrice pour les enfans abandonnés, et qu'il rétablisse d'ailleurs aux hospices l'équivalent des domaines qu'on leur a vendus, les octrois pourront éprouver des modifications qui les rendront supportables.

Il ne me reste plus qu'à vous parler des bénédictions que j'ai recueillies, au nom du gouvernement, dans toutes les villes, bourgs et villages que j'ai visités pendant ma tournée.

Partout les magistrats et les citoyens sont accourus au-devant de moi; partout ils m'ont reçu avec les transports de la joie la plus pure, de l'allégresse la plus vive, au sein des fêtes et des plaisirs domestiques.

C'est surtout dans l'arrondissement de Lombez où l'insurrection royale de l'an 7 avait éclaté avec tant de violence, que j'ai appris à connaître combien le gouvernement consulaire a fait de bien à la patrie. Là, la reconnaissance et l'amour éclatent avec transport en sa faveur; là, les bouches ne publient que les sentimens de la plus haute confiance en sa sagesse, et de la plus profonde soumission à sa volonté.

Tous les préfets rendent sans doute des comptes aussi satisfaisans de ce qu'ils ont vu, de ce qu'ils ont éprouvé dans leur tournée;

mais, j'ose le dire, aucun n'a été plus content que moi des citoyens qu'il administre, et c'est un témoignage de justice que je me plais à leur rendre auprès du gouvernement qu'ils aiment.

BALGUERIE.

FIN.